Impressum
Verlag: BABADADA GmbH, Nedderfeld 112 , 22529 Hamburg
Geschäftsführer / Verlagsleitung: Harald Hof
Druck: Books on Demand GmbH, In de Tarpen 42, 22848 Norderstedt

Imprint
Publisher: BABADADA GmbH, Nedderfeld 112 , 22529 Hamburg, Germany
Managing Director / Publishing direction: Harald Hof
Print: Books on Demand GmbH, In de Tarpen 42, 22848 Norderstedt, Germany

# școală

## школа

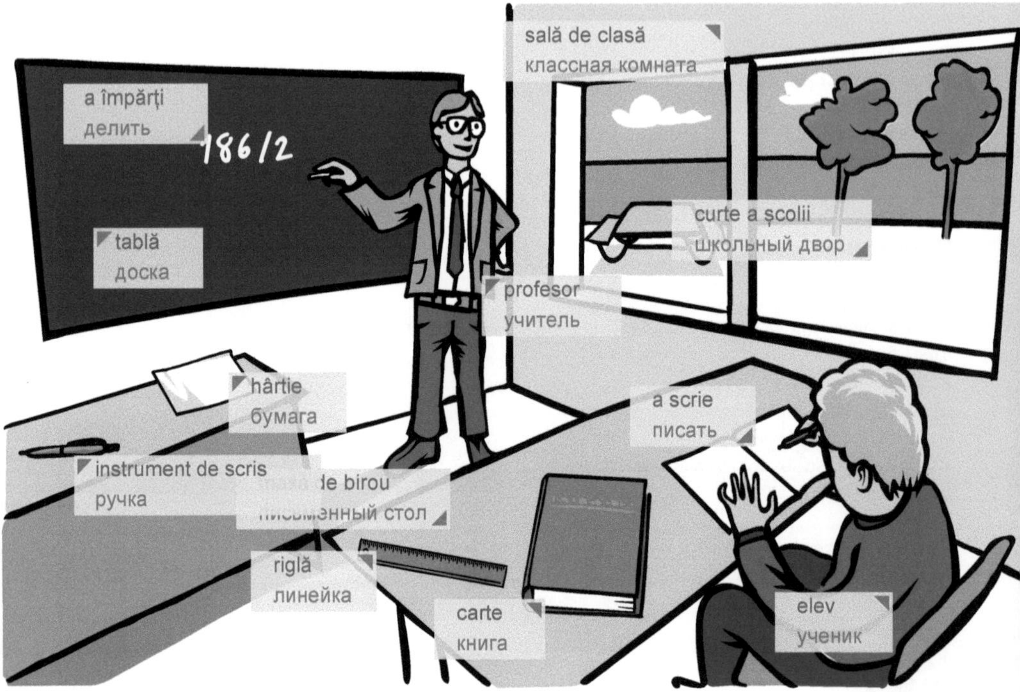

sală de clasă
классная комната
a împărți
делить
186/2
tablă
доска
curte a școlii
школьный двор
profesor
учитель
hârtie
бумага
a scrie
писать
instrument de scris
ручка
de birou
письменный стол
riglă
линейка
carte
книга
elev
ученик


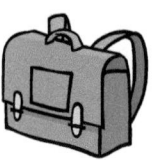

ghiozdan

ранец

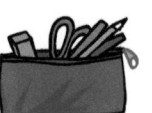

penar

пенал

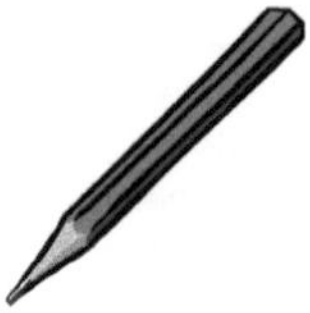

creion

карандаш

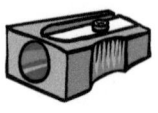

ascuțitoare

точилка

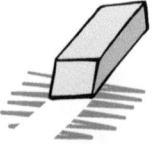

radieră

ластик

bloc de desen

альбом для рисования

desen

рисунок

pensulă

кисточка

cutie de acuarele

коробка красок

foarfece

ножницы

lipici

клей

caiet de exerciții

тетрадь

temă

домашняя работа

număr

цифра

a aduna

прибавлять

a scădea

вычитать

a multiplica

умножать

a calcula

считать

literă

буква

alfabet

алфавит

cuvânt

слово

text

текст

a citi

читать

cretă

мел

oră

урок

catalog

классный журнал

examen

экзамен

certificat

диплом

uniformă școlară

школьная форма

educație

образование

enciclopedie

энциклопедия

universitate

университет

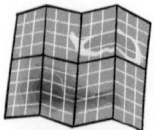

microscop

микроскоп

hartă

карта

coș de gunoi

корзина для бумаг

# călătorie
# путешествие

hotel
гостиница
Grand
hostel
турбаза
ROOMS
casă de schimb valutar
пункт обмена валюты
CHANGE
valiză
чемодан
autovehicul
автомобиль

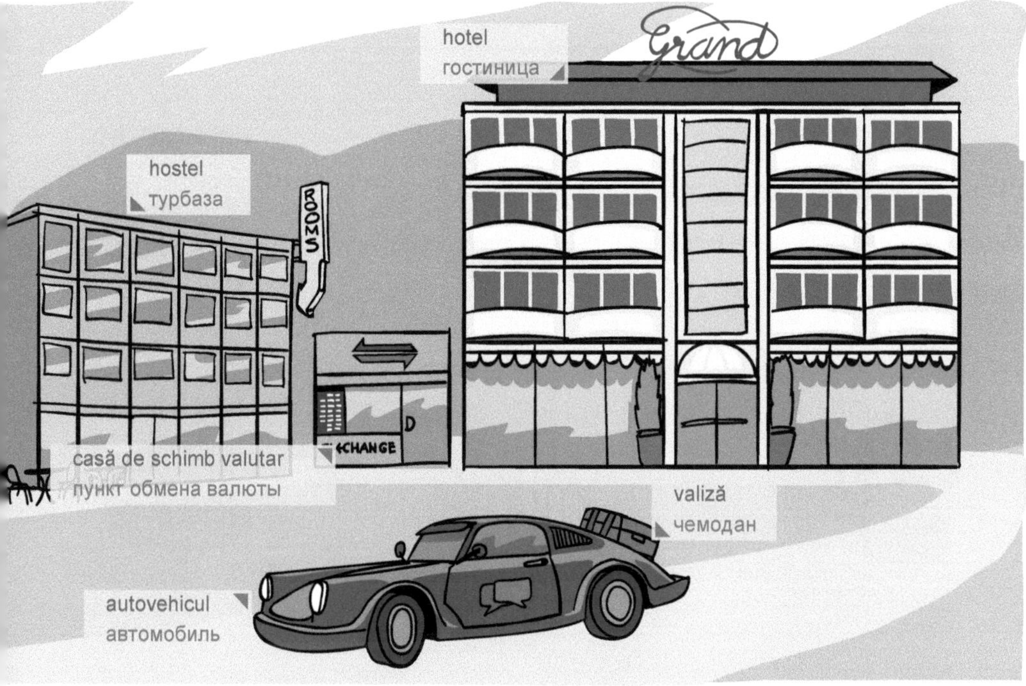

limbă

язык

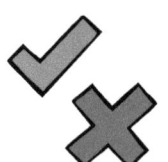

da/nu

да / нет

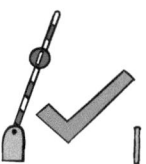

okay

хорошо

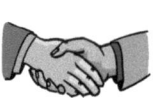

Bună!

Привет

interpret

переводчик

mulțumesc

Спасибо

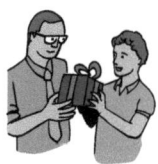

Cât costă...?

Сколько стоит...?

Nu înțeleg

Я не понимаю

problemă

проблема

Bună seara!

Добрый вечер!

Bună dimineața!

Доброе утро!

Noapte bună!

Доброй ночи!

la revedere

До свидания

direcție

направление

bagaj

багаж

geantă

сумка

rucsac

рюкзак

oaspete

гость

cameră

комната

sac de dormit

спальный мешок

cort

палатка

călătorie - путешествие

punct de informare turistică

туристическая информация

plajă

пляж

carte de credit

кредитная карточка

mic dejun

завтрак

masa de prânz

обед

cină

ужин

bilet de călătorie

билет

lift

лифт

timbru poștal

почтовая марка

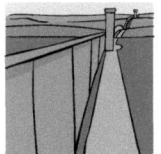

graniță

граница

vamă

таможня

ambasadă

посольство

viză

виза

pașaport

паспорт

# transport
# транспорт

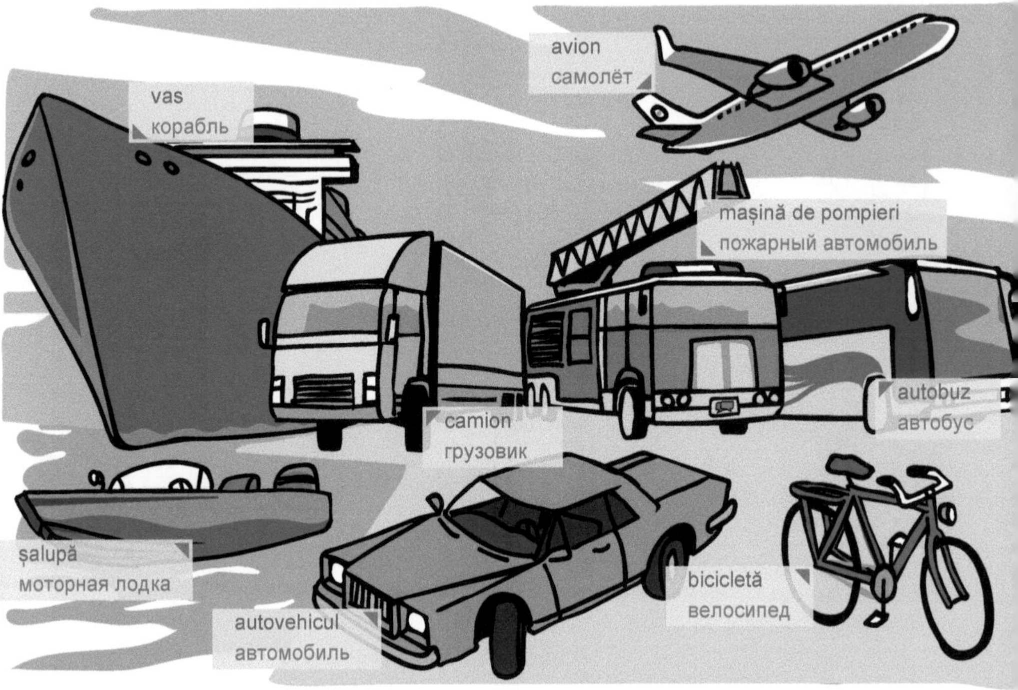

avion
самолёт
vas
корабль
mașină de pompieri
пожарный автомобиль
autobuz
автобус
camion
грузовик
șalupă
моторная лодка
bicicletă
велосипед
autovehicul
автомобиль


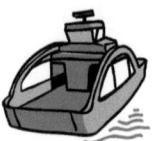

feribot

паром

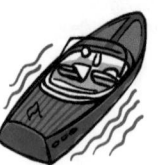

barcă

лодка

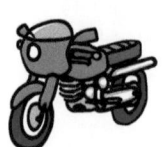

motocicletă

мотоцикл

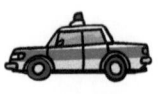

mașină de poliție

полицейский автомобиль

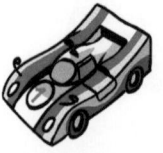

mașină de curse

гоночный автомобиль

mașină închiriată

арендованный автомобиль

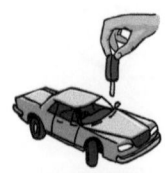

car sharing

совместное пользование
автомобилями

maşină de tractat

буксировочный
автомобиль

maşină de gunoi

мусоровоз

motor

двигатель

combustibil

топливо

benzinărie

заправка

semn de circulaţie

дорожный знак

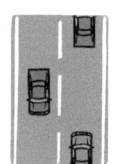

trafic

движение

ambuteiaj

пробка

parcare

автостоянка

gară

вокзал

şine

рельсы

tren

поезд

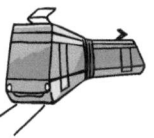

tramvai

трамвай

vagon

вагон

elicopter

вертолёт

aeroport

аэропорт

turn

вышка

pasager

пассажир

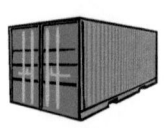

container

контейнер

carton

коробка

căruţă

тележка

coş

корзина

a decola/a ateriza

взлетать / приземляться

## oraş

## город

sat

деревня

centru

центр города

casă

дом

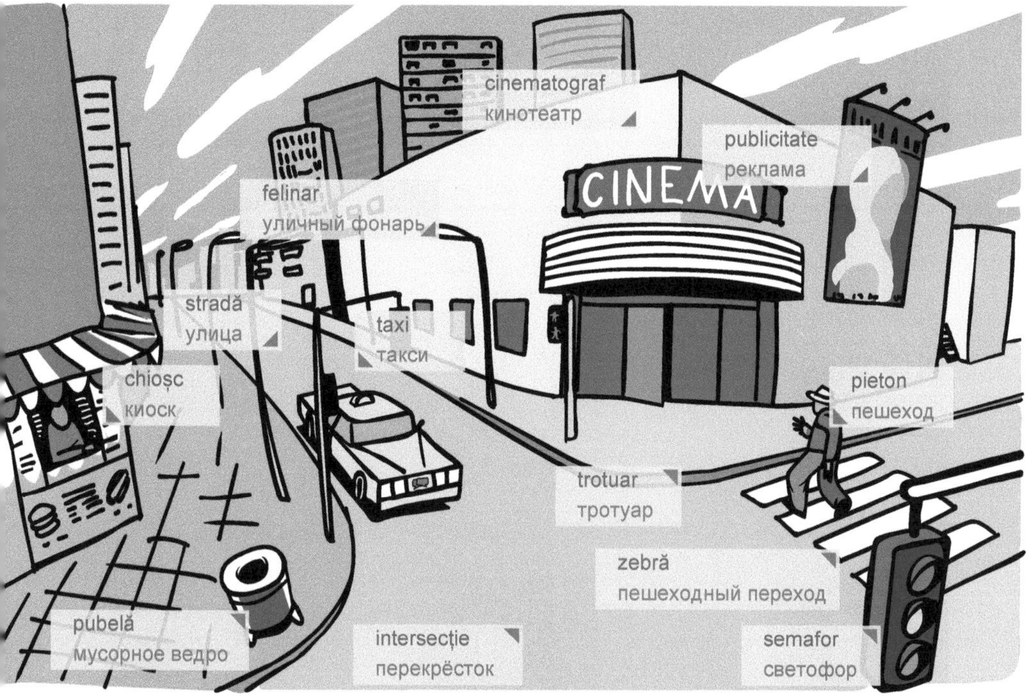

cinematograf
кинотеатр

publicitate
реклама

felinar
уличный фонарь

CINEMA

stradă
улица

taxi
такси

chioșc
киоск

pieton
пешеход

trotuar
тротуар

zebră
пешеходный переход

pubelă
мусорное ведро

intersecție
перекрёсток

semafor
светофор

cabană

хижина

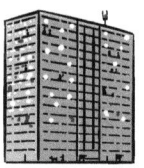

apartament

квартира

gară

вокзал

primărie

ратуша

muzeu

музей

școală

школа

universitate

университет

bancă

банк

spital

больница

hotel

гостиница

farmacie

аптека

birou

офис

librărie

книжный магазин

magazin

магазин

florărie

цветочный магазин

supermarket

супермаркет

piață

рынок

magazin universal

универмаг

comerciant de pește

торговец рыбой

centru comercial

торговый центр

port

порт

parc

парк

bancă

скамейка

pod

мост

trepte

лестница

metrou

метро

tunel

тоннель

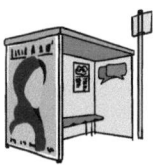

stație de autobuz

автобусная остановка

bar

бар

restaurant

ресторан

cutie poștală

почтовый ящик

tăbliță indicatoare cu numele străzii

табличка с названием улицы

parcometru

паркометр

grădină zoologică

зоопарк

piscină

бассейн

moschee

мечеть

gospodărie țărănească

ферма

poluare

загрязнение окружающей среды

cimitir

кладбище

biserică

церковь

loc de joacă

детская площадка

templu

храм

## peisaj

## ландшафт

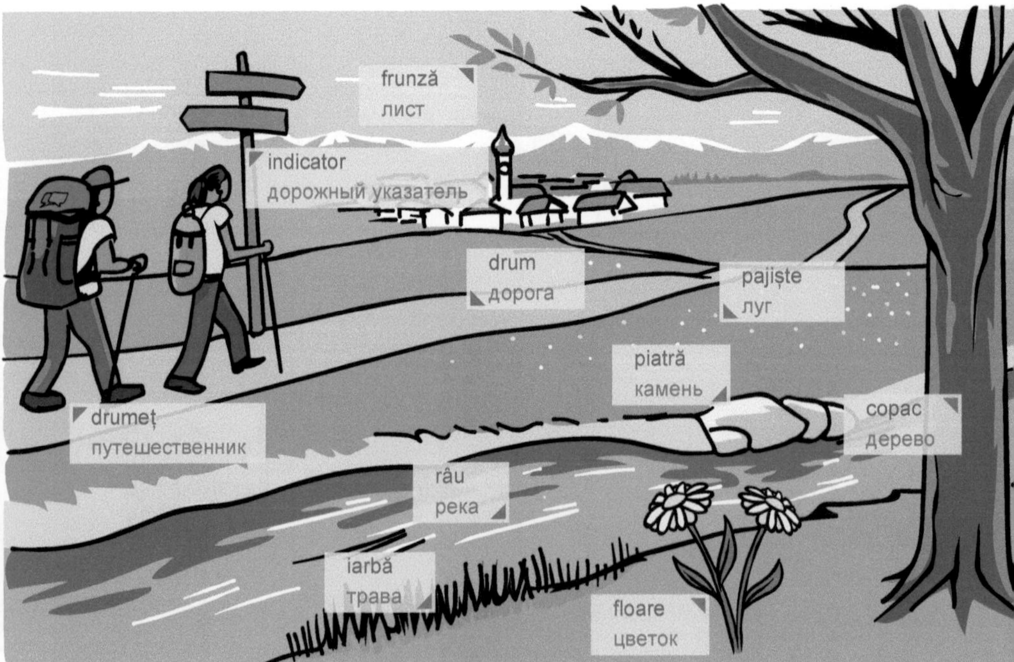

frunză
лист

indicator
дорожный указатель

drum
дорога

pajiște
луг

piatră
камень

copac
дерево

drumeț
путешественник

râu
река

iarbă
трава

floare
цветок

vale

долина

deal

гора

lac

озеро

pădure

лес

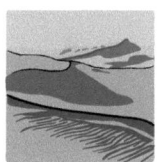

deșert

пустыня

vulcan

вулкан

castel

замок

curcubeu

радуга

ciupercă

гриб

palmier

пальма

țânțar

комар

muscă

муха

furnică

муравей

albină

пчела

păianjen

паук

gândac

жук

broască

лягушка

veveriță

белка

arici

еж

iepure

заяц

bufniță

сова

pasăre

птица

lebădă

лебедь

porc mistreț

кабан

cerb

олень

elan

лось

dig

плотина

turbină eoliană

ветряной генератор

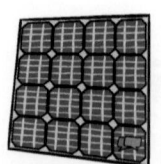

panou solar

солнечная батарея

climă

климат

chelnăr
официант

meniu
меню

scaun
стул

supă
суп

pizza
пицца

faţă de masă
скатерть

tacâmuri
столовые приборы

antreu
закуска

fel principal
главное блюдо

desert
десерт

băuturi
напитки

mâncare
еда

sticlă
бутылка

fastfood

фастфуд

streetfood

уличная еда

ceainic

чайник

zaharniță

сахарница

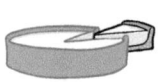

porție

порция

espressor

кофеварка

scaun înalt (pentru copii)

детский стульчик

factură

счет

tavă

поднос

cuțit

нож

furculiță

вилка

lingură

ложка

linguriță

чайная ложка

șervețel

салфетка

pahar

стакан

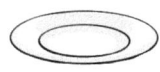

farfurie

тарелка

farfurie de supă

суповая тарелка

farfurie

блюдце

sos

соус

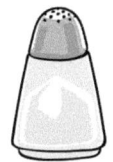

solniță

солонка

râșniță de piper

мельница для перца

oțet

уксус

ulei

масло

condimente

специи

ketchup

кетчуп

muștar

горчица

maioneză

майонез

# supermarket
## супермаркет

ofertă
специальное предложение
FOR
client
покупатель
produse lactate
молочные продукты
fructe
фрукты
cărucior de cumpărături
тележка для покупок

BUTCHERS

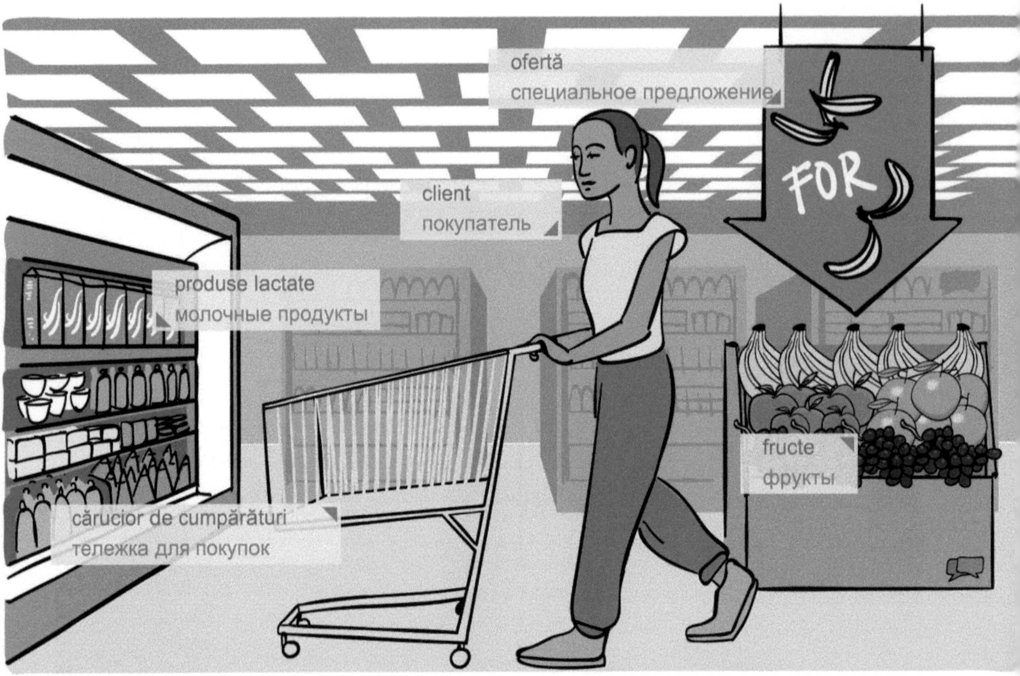

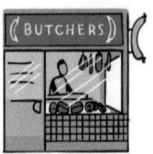

măcelărie

мясной магазин

BAKERY

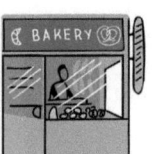

brutărie

пекарня

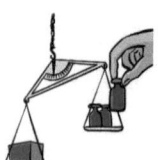

a cântări

взвешивать

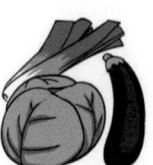

legume

овощи

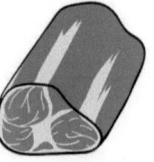

carne

мясо

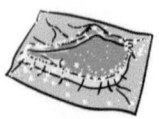

alimente refrigerate

быстрозамороженные продукты

mezeluri și brânzeturi feliate

...............

нарезка

conserve

...............

консервы

detergent

...............

стиральный порошок

dulciuri

...............

сладости

articole de menaj

...............

предмет домашнего обихода

produse de curățenie

...............

моющее средство

vânzătoare

...............

продавщица

casă

...............

касса

casier

...............

кассир

listă de cumpărături

...............

список покупок

orar

...............

время работы

portmoneu

...............

бумажник

carte de credit

...............

кредитная карточка

geantă

...............

сумка

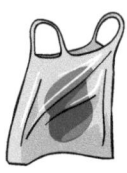

pungă de plastic

...............

полиэтиленовый пакет

apă

вода

suc

сок

lapte

молоко

cola

кока-кола

vin

вино

bere

пиво

alcool

алкоголь

cacao

какао

ceai

чай

cafea

кофе

espresso

эспрессо

cappucino

капучино

banane

банан

măr

яблоко

portocală

апельсин

pepene

арбуз

lămâie

лимон

morcov

морковь

usturoi

чеснок

bambus

бамбук

ceapă

лук

ciupercă

гриб

nuci

орехи

paste făinoase

лапша

spagheti

спагетти

orez

рис

salată

салат

cartofi prăjiți

картофель фри

cartofi țărănești

жареный картофель

pizza

пицца

hamburger

гамбургер

sandwich

сэндвич

șnițel

шницель

șuncă

ветчина

salam

салями

cârnați

колбаса

pui

курица

friptură

жаркое

pește

рыба

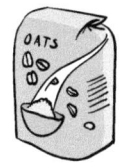

fulgi de ovăz

овсяные хлопья

musli

мюсли

cereale

кукурузные хлопья

făină

мука

corn

круассан

chifle

булочка

pâine

хлеб

pâine prăjită

тост

biscuiți

печенье

unt

масло

brânză de vaci

творог

prăjitură

пирог

ou

яйцо

ouă ochiuri

яичница

brânză

сыр

înghețată

мороженое

zahăr

сахар

miere

мёд

marmeladă

мармелад

cremă nuga

крем с нугой

curry

карри

# gospodărie ţărănească

# ферма

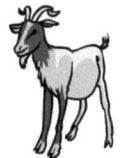

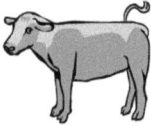

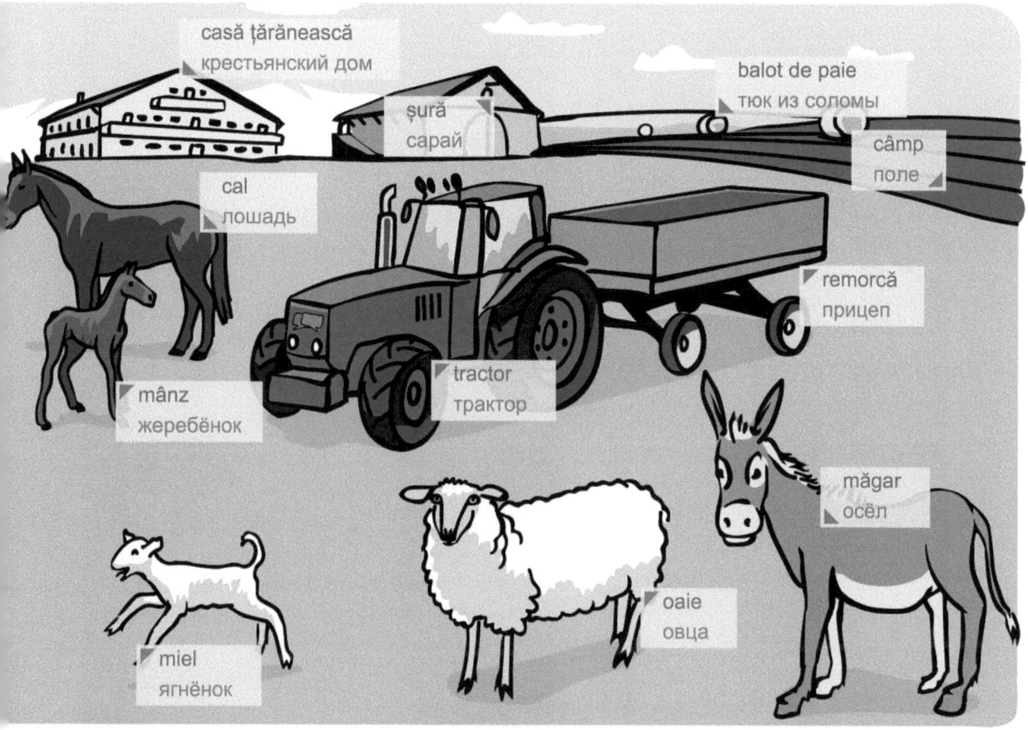
casă ţărănească
крестьянский дом
balot de paie
тюк из соломы
şură
сарай
câmp
поле
cal
лошадь
remorcă
прицеп
tractor
трактор
mânz
жеребёнок
măgar
осёл
oaie
овца
miel
ягнёнок

capră

коза

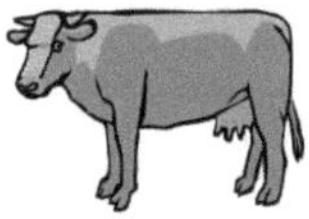

vacă

корова

viţel

телёнок

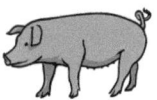

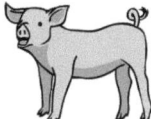

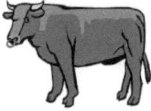

porc

свинья

purcel

поросёнок

taur

бык

găină

гусь

rață

утка

pui

цыплёнок

găină

курица

cocoș

петух

șobolan

крыса

pisică

кошка

șoarece

мышь

bou

вол

câine

собака

cușcă

конура

furtun de grădină

садовый шланг

stropitoare

лейка

coasă

коса

plug

плуг

seceră
серп

sapă
мотыга

furcă
навозные вилы

secure
топор

roabă
тачка

troacă
корыто

cană pentru lapte
бидон для молока

sac
мешок

gard
забор

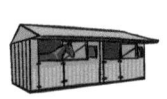

grajd
хлев

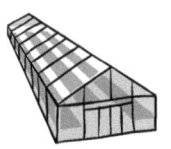

seră
теплица

sol
почва

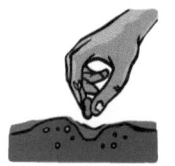

sămânță
посев

fertilizator
удобрение

combină de treierat
комбайн

a culege

собирать урожай

recoltă

урожай

cartof yam

ямс

grâu

пшеница

soia

соя

cartof

картофель

porumb

кукуруза

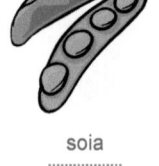

rapiță

рапс

pom fructifer

фруктовое дерево

manioc

маниок

cereale

злаки

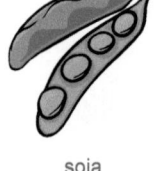
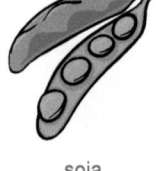

# casă

# дом

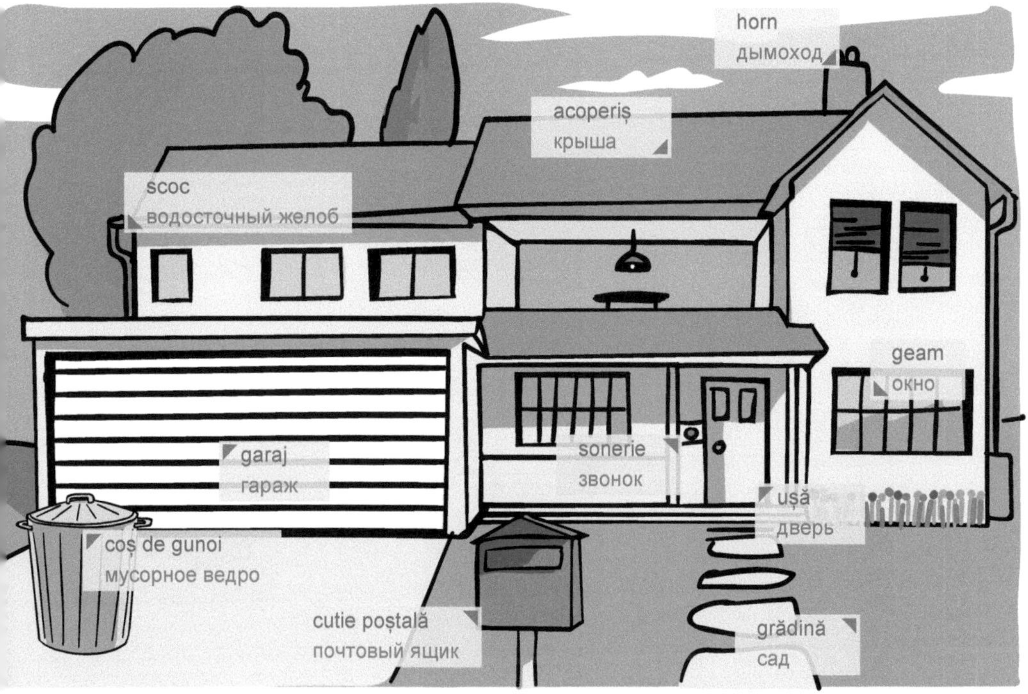
horn
дымоход
acoperiș
крыша
scoc
водосточный желоб
geam
окно
garaj
гараж
sonerie
звонок
ușă
дверь
coș de gunoi
мусорное ведро
cutie poștală
почтовый ящик
grădină
сад

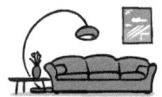

cameră de zi

гостиная

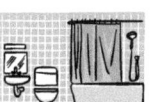

baie

ванная комната

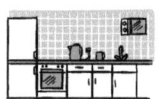

bucătărie

кухня

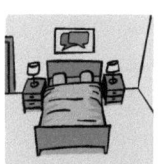

dormitor

спальня

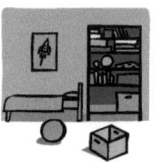

camera copiilor

детская комната

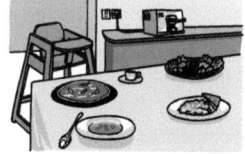

sufragerie

столовая

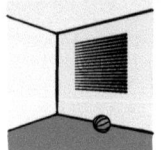

podea

пол

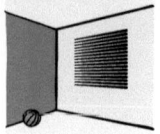

perete

стена

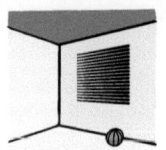

tavan

потолок

pivniţă

подвал

saună

сауна

balcon

балкон

terasă

терраса

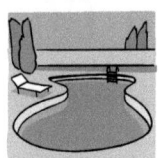

piscină

бассейн

maşină de tuns iarba

газонокосилка

cearşaf

пододеяльник

cuvertură

покрывало

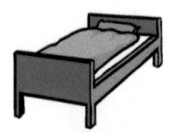

pat

кровать

mătură

метла

găleată

ведро

întrerupător

выключатель

# cameră de zi

# гостиная

tapet
обои
pictură
рисунок
lampă
лампа
raft
полка
dulap
шкаф
televizor
телевизор
șemineu
камин
floare
цветок
pernă
подушка
sofa
диван
vază
ваза
telecomandă
пульт дистанционного управления


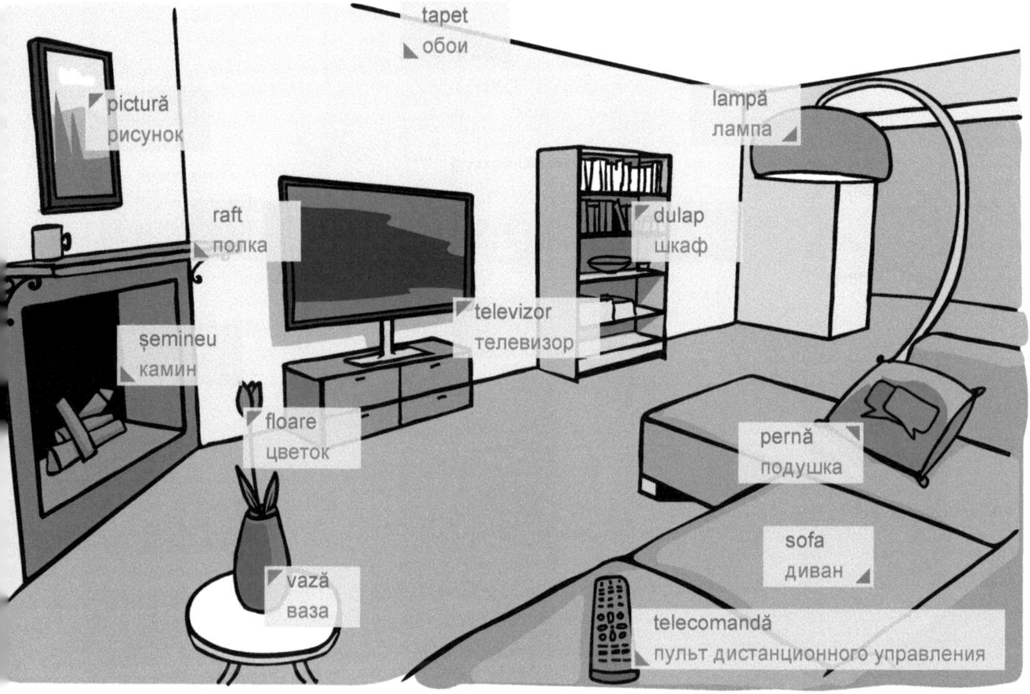

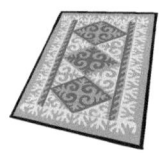

covor

ковёр

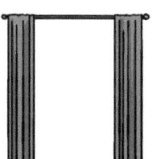

perdea

штора

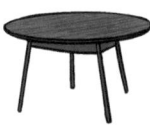

masă

стол

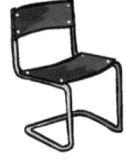

scaun

стул

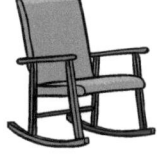

balansoar

кресло-качалка

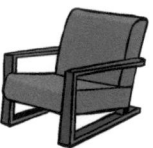

fotoliu

кресло

carte

книга

pătură

покрывало

decoraţiune

украшение

lemn de foc

дрова

film

фильм

instalaţie stereo

стереосистема

cheie

ключ

ziar

газета

desen

картина

poster

плакат

radio

радио

caiet de notiţe

блокнот

aspirator

пылесос

cactus

кактус

lumânare

свеча

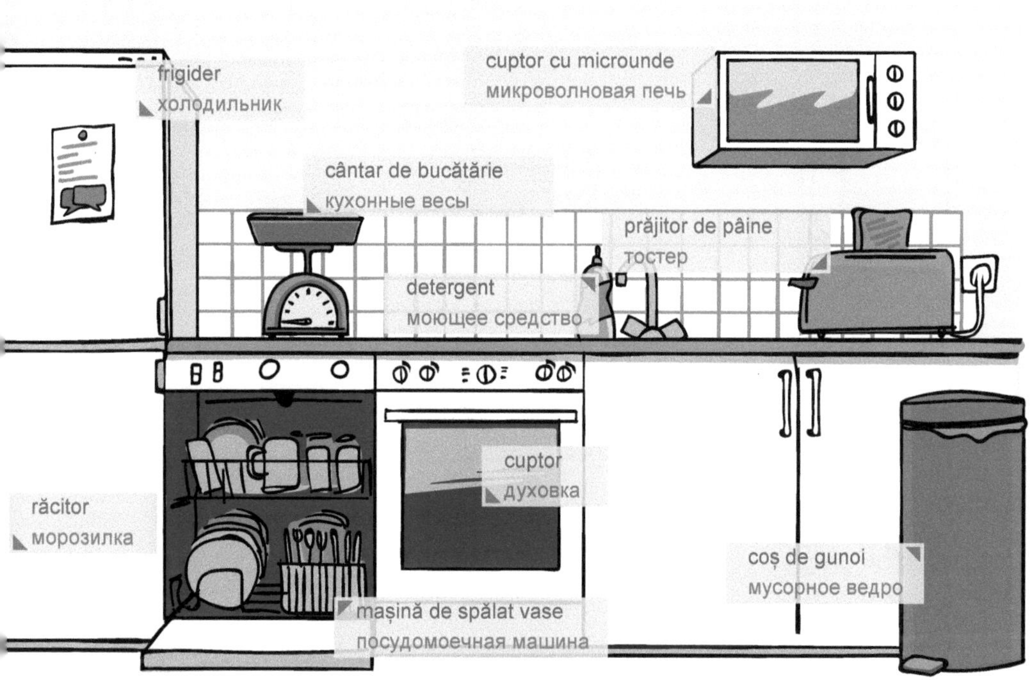

frigider
холодильник

cuptor cu microunde
микроволновая печь

cântar de bucătărie
кухонные весы

prăjitor de pâine
тостер

detergent
моющее средство

cuptor
духовка

răcitor
морозилка

coș de gunoi
мусорное ведро

mașină de spălat vase
посудомоечная машина

**cuptor**

плита

**oală**

кастрюля

**oală de metal**

чугунный котелок

**wok/kadai**

вок / кадай

**tigaie**

сковорода

**ceainic**

чайник

oală de gătit cu aburi

пароварка

tavă de copt

противень

veselă

посуда

pahar

кружка

bol

миска

bețișoare

палочки для еды

polonic

половник

spatulă

лопатка

tel

сбивалка

sită

сито

sită

сито

răzătoare

тёрка

mojar

ступка

grătar

гриль

loc pentru grătar

костёр

tocător

доска

sucitor

скалка

tirbușon

штопор

conservă

жестяная банка

deschizător de conserve

консервный нож

șervete termice

прихватка

chiuvetă

раковина

perie

щетка

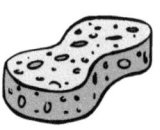

burete

губка

mixer

миксер

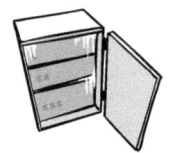

ladă frigorifică

морозильная камера

biberon

бутылочка для кормления

robinet

кран

# baie

## ванная комната

duș
душ
încălzire
отопление
prosop
полотенце
perdea de duș
душевая занавеска
baie cu spumă
пенистая ванна
cadă
ванна
pahar
стакан
mașină de spălat
стиральная машина
robinet
кран
gresie
плитка
oală de noapte
горшок
chiuvetă
раковина


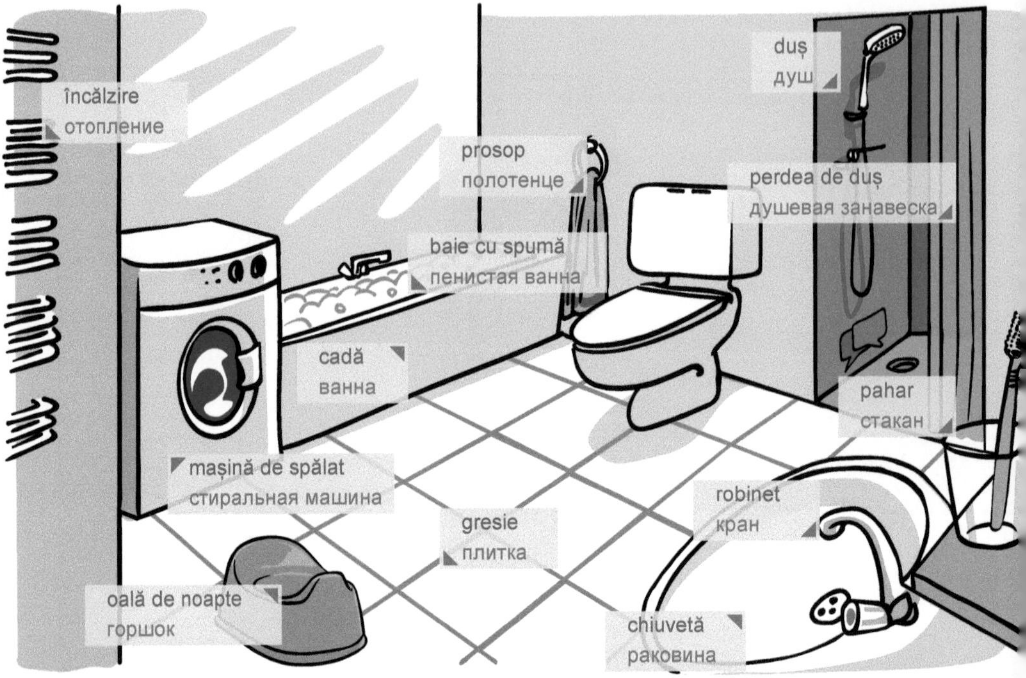

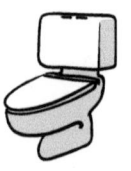

toaletă

туалет

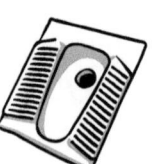

toaletă turcescă

напольный унитаз

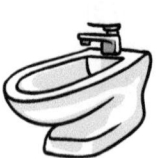

bideu

биде

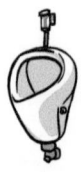

pisoir

писсуар

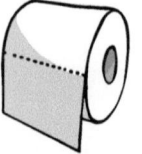

hârtie igienică

туалетная бумага

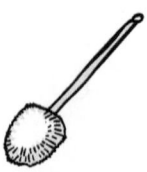

perie de toaletă

ершик

**periuță de dinți**

зубная щетка

**pastă de dinți**

зубная паста

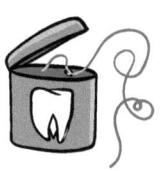

**ață dentară**

зубная нить

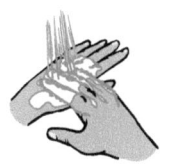

**a spăla**

мыть

**cap de duș**

ручной душ

**duș intim**

интимный душ

**lavoar**

таз

**perie pentru spate**

щетка для спины

**săpun**

мыло

**gel de duș**

гель для душа

**șampon**

шампунь

**cârpă de spălat**

мочалка

**scurgere**

сток

**cremă**

крем

**deodorant**

дезодорант

oglindă

зеркало

oglindă cosmetică

ручное зеркало

aparat de ras

бритва

spumă de ras

пена для бритья

aftershave

лосьон после бритья

pieptene

расческа

perie

щетка

uscător de păr

фен

fixator

лак для волос

machiaj

косметика

ruj

губная помада

lac de unghii

лак для ногтей

vată

вата

foarfece de unghii

маникюрные ножницы

parfum

духи

**neseser**

косметичка

**taburet**

табуретка

**cântar**

весы

**halat de baie**

халат

**mănuși de cauciuc**

резиновые перчатки

**tampon**

тампон

**tampon**

гигиеническая прокладка

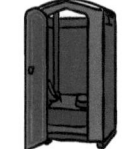

**toaletă chimică**

биотуалет

# camera copiilor

## детская комната

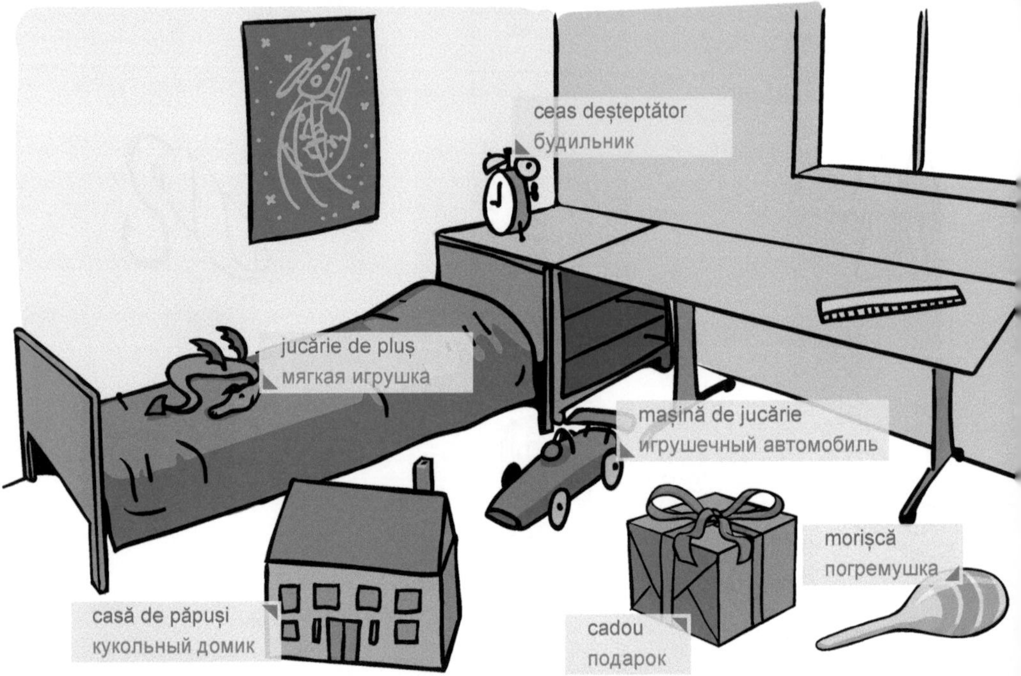
ceas deșteptător
будильник
jucărie de pluș
мягкая игрушка
mașină de jucărie
игрушечный автомобиль
morișcă
погремушка
casă de păpuși
кукольный домик
cadou
подарок

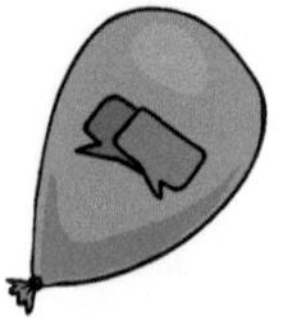

balon

воздушный шар

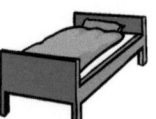

pat

кровать

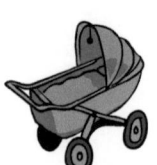

cărucior de copii

детская коляска

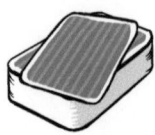

joc de cărți

карточная игра

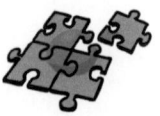

puzzle

пазл

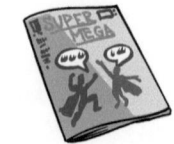

revistă de benzi desenate

комикс

**cuburi lego**

кирпичики Лего

**piese pentru construcţii**

кубики

**personaj din filmele de acţiune**

игрушечная фигурка

**body**

ползунки

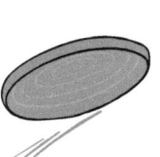

**frisbee**

фрисби

**mobil**

мобиле

**joc de societate**

настольная игра

**zar**

кубик

**set trenuleţ de jucărie**

модель железной дороги

**suzetă**

соска

**petrecere**

вечеринка

**carte cu poze**

книга с картинками

**minge**

мяч

**păpuşă**

кукла

**a se juca**

играть

groapă de nisip

песочница

leagăn

качели

jucării

игрушка

consolă video

игровая приставка

tricicletă

трёхколесный велосипед

ursuleț

плюшевый медвежонок

dulap

шкаф для одежды

## îmbrăcăminte

## одежда

șosete

носки

ciorapi

чулки

dres

колготки

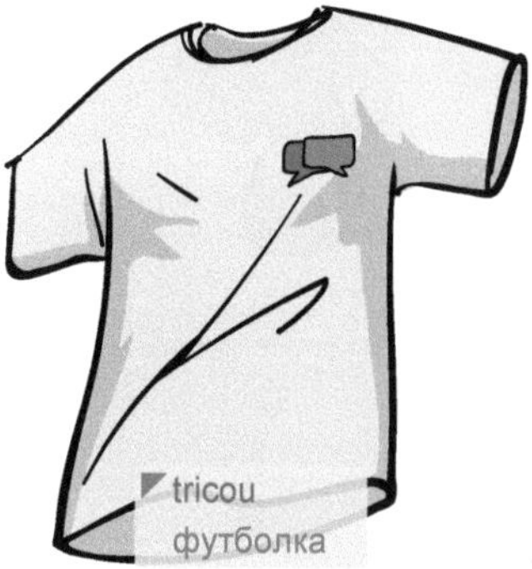

şal
шарф

umbrelă
зонтик

tricou
футболка

curea
ремень

cizme
сапоги

papuci
тапки

pantofi sport
кроссовки

sandale

сандалии

încălțăminte

ботинки

cizme de cauciuc

резиновые сапоги

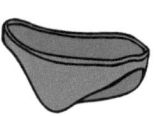

chilot

трусы

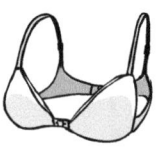

sutien

бюстгальтер

maiou

майка

îmbrăcăminte - одежда

**body**

боди

**pantaloni**

брюки

**blugi**

джинсы

**fustă**

юбка

**bluză**

блузка

**cămașă**

рубашка

**pulover**

свитер

**jerseu**

свитер

**sacou**

спортивная куртка

**jachetă**

жакет

**palton**

пальто

**pelerină de ploaie**

плащ

**costum**

костюм

**rochie**

платье

**rochie de mireasă**

свадебное платье

costum

мужской костюм

cămaşă de noapte

ночная сорочка

pijama

пижама

sari

сари

batic

платок

turban

тюрбан

burka

паранджа

caftan

кафтан

abaya

абайя

costum de baie

купальник

şort

плавки

pantaloni scurţi

шорты

trening

спортивный костюм

şorţ

фартук

mănuşi

перчатки

**nasture**

пуговица

**ochelari**

очки

**brățară**

браслет

**lanț**

цепочка

**inel**

кольцо

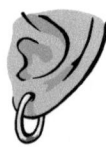

**cercel**

серьга

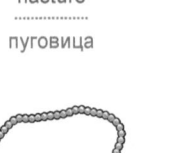

**căciulă**

шапка

**umeraș**

вешалка

**pălărie**

шляпа

**cravată**

галстук

**fermoar**

застежка молния

**cască**

шлем

**bretele**

подтяжки

**uniformă școlară**

школьная форма

**uniformă**

форма

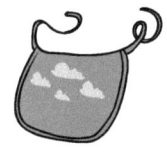

bavețică

детский нагрудник

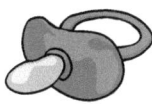

suzetă

соска

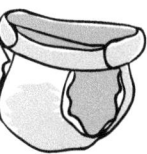

scutec

подгузник

# birou

# офис

server
сервер
dulap de acte
канцелярский шкаф
imprimantă
принтер
hârtie
бумага
monitor
монитор
mouse
мышь
masă de birou
письменный стол
fișier
папка
tastatură
клавиатура
coș de gunoi
корзина для бумаг
computer
компьютер
scaun
стул


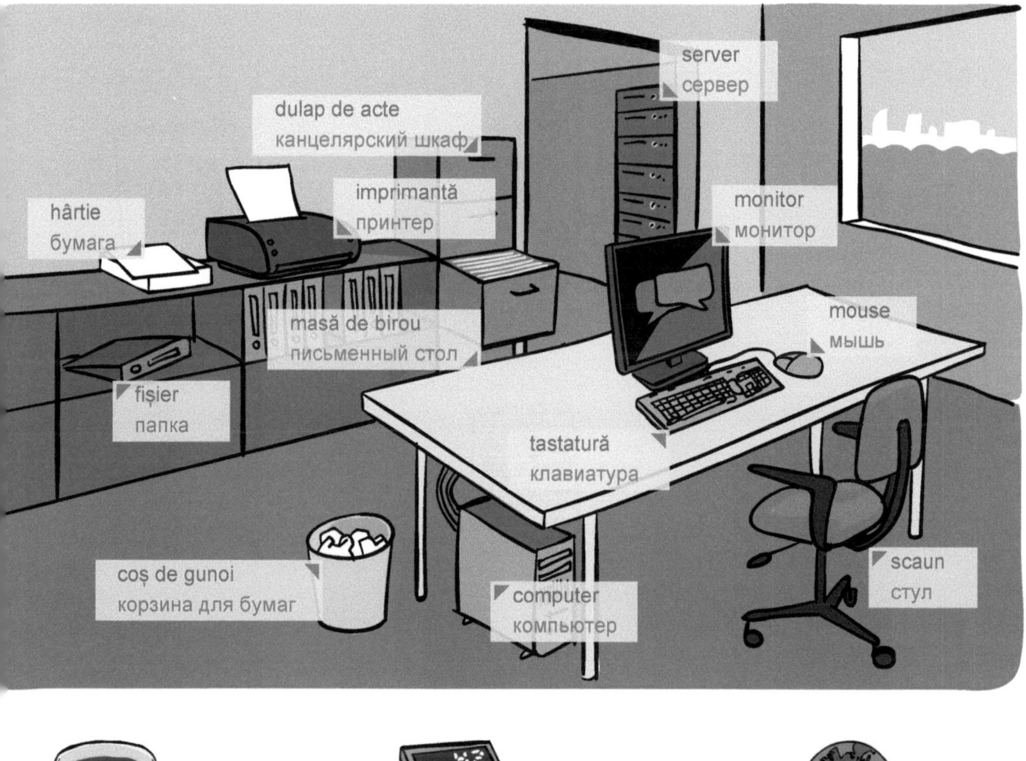

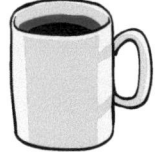

ceașcă de cafea

кофейная кружка

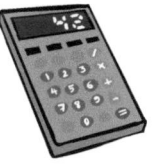

calculator

калькулятор

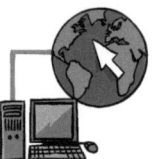

internet

интернет

laptop

ноутбук

scrisoare

письмо

mesaj

сообщение

telefon mobil

мобильный телефон

reţea

сеть

copiator

ксерокс

software

программа

telefon

телефон

priză

розетка

fax

факс

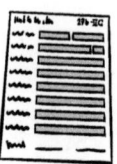

formular

формуляр

document

документ

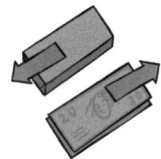

a cumpăra

покупать

a plăti

платить

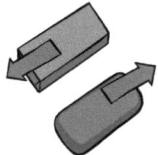

a face comerţ

торговать

bani

деньги

 **USD**

Dolar

доллар

 **EUR**

Euro

евро

 **JPY**

Yen

иена

 **RUB**

Rublă

рубль

 **CHF**

Franc Elveţian

франк

 **CNY**

renminbi yuan

жэньминьби юань

 **INR**

Rupie

рупия

bancomat

банкомат

casă de schimb valutar

пункт обмена валюты

aur

золото

argint

серебро

petrol

нефть

energie

энергия

preţ

цена

contract

договор

impozit

налог

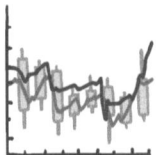

acţiune

акция

a munci

работать

angajat

служащий

angajator

работодатель

fabrică

фабрика

magazin

магазин

economie - экономика

# ocupații

# профессии

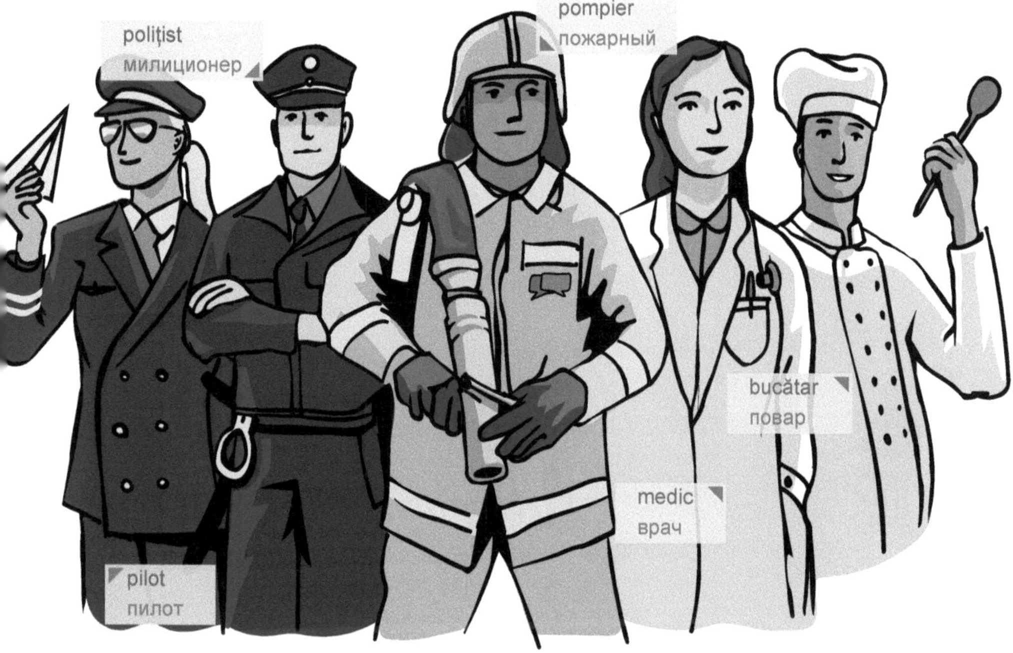

polițist
милиционер
pompier
пожарный
bucătar
повар
medic
врач
pilot
пилот


grădinar
садовник

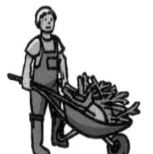

tâmplar
столяр

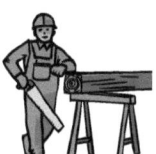

cusătoreasă
швея

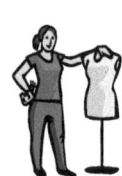

judecător
судья

chimist
химик

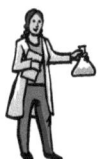

actor
актёр

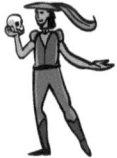

şofer de autobuz

водитель автобуса

şofer de taxi

таксист

pescar

рыбак

femeie de serviciu

уборщица

tinichigiu

кровельщик

chelnăr

официант

vânător

охотник

pictor

художник

brutar

пекарь

electrician

электрик

muncitor în construcţii

строитель

inginer

инженер

măcelar

мясник

instalator

сантехник

poştaş

почтальон

soldat

солдат

arhitect

архитектор

casier

кассир

florar

флорист

frizer

парикмахер

controlor

кондуктор

mecanic

механик

căpitan

капитан

stomatolog

зубной врач

om de știință

ученый

rabin

раввин

imam

имам

călugăr

монах

preot

священник

# instrumente

## инструменты

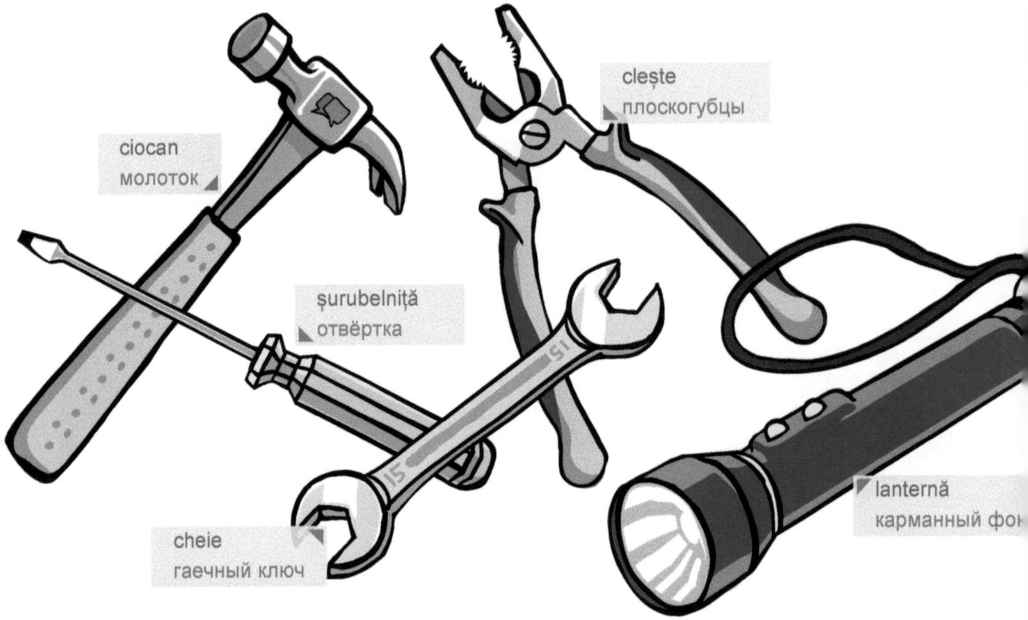

ciocan
молоток
clește
плоскогубцы
șurubelniță
отвёртка
cheie
гаечный ключ
lanternă
карманный фо


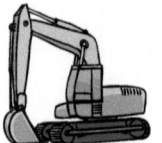

excavator

экскаватор

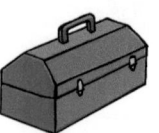

cutie de scule

ящик для инструментов

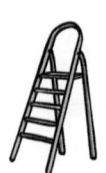

scară

стремянка

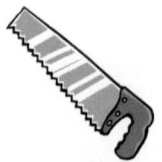

ferăstrău

пила

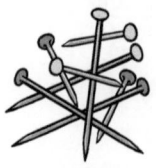

cuie

гвозди

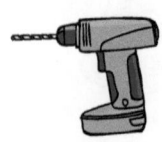

burghiu

дрель

a repara

ремонтировать

lopată

лопата

La naiba!

Блин!

făraș

совок

vas pentru vopsea

ведро с краской

șuruburi

винты

## instrumente muzicale

## музыкальные инструменты

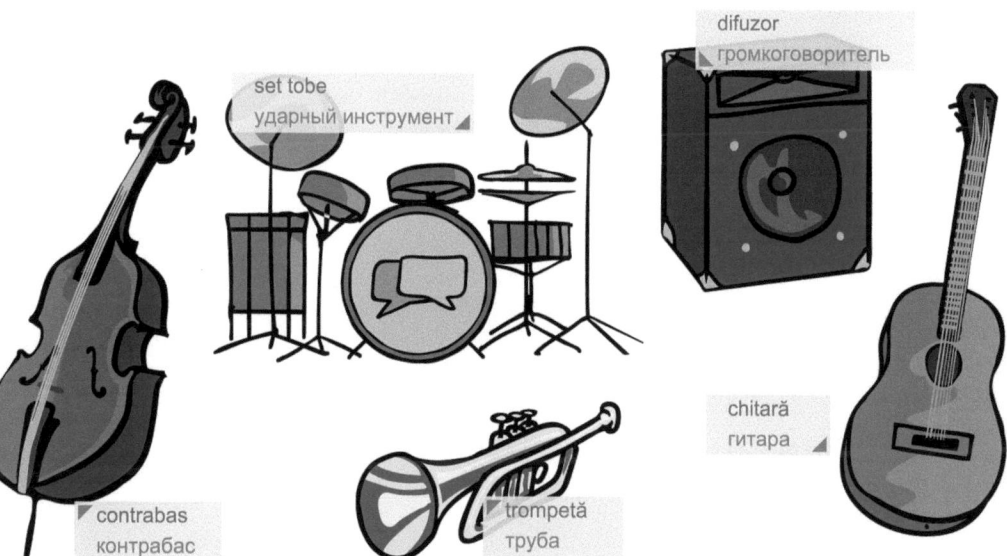

set tobe
ударный инструмент

difuzor
громкоговоритель

chitară
гитара

contrabas
контрабас

trompetă
труба

pian

пианино

vioară

скрипка

bas

бас-гитара

trombon

литавры

tobă

барабан

keyboard

синтезатор

saxofon

саксофон

fluier

флейта

microfon

микрофон

# grădină zoologică

## зоопарк

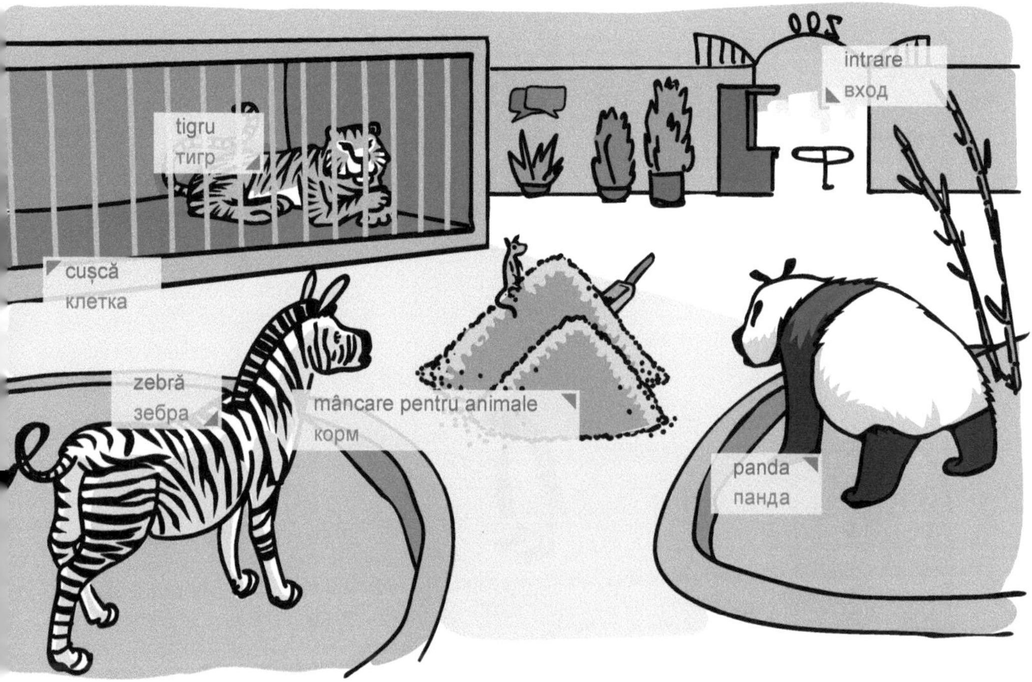

ZOO
intrare
вход
tigru
тигр
cușcă
клетка
zebră
зебра
mâncare pentru animale
корм
panda
панда


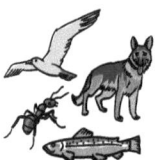

animale

животные

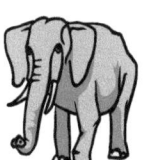

elefant

слон

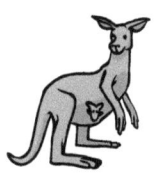

cangur

кенгуру

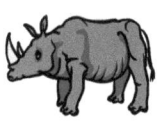

rinocer

носорог

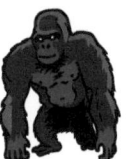

gorilă

горилла

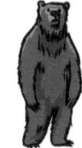

urs

медведь

cămilă

верблюд

struţ

страус

leu

лев

maimuţă

обезьяна

flamingo

фламинго

papagal

попугай

urs polar

белый медведь

pinguin

пингвин

rechin

акула

păun

павлин

şarpe

змея

crocodil

крокодил

îngrijitor grădina zoologică

служитель зоопарка

focă

тюлень

jaguar

ягуар

ponei

пони

leopard

леопард

hipopotam

бегемот

girafă

жираф

acvilă

орёл

porc mistreț

кабан

pește

рыба

broască țestoasă

черепаха

morsă

морж

vulpe

лиса

gazelă

газель

fotbal american
американский футбол

ciclism
езда на велосипеде

tenis
теннис

basketball
баскетбол

înot
плавание

box
бокс

hockey pe gheață
хоккей

fotbal
футбол

badminton
бадминтон

atletism
лёгкая атлетика

handbal
гандбол

schi
лыжный спорт

polo
поло

# activități
# действия

a sări
прыгать
a îmbrățișa
обнимать
a râde
смеяться
a merge
идти
a cânta
петь
a visa
мечтать
a se ruga
молиться
a săruta
целовать

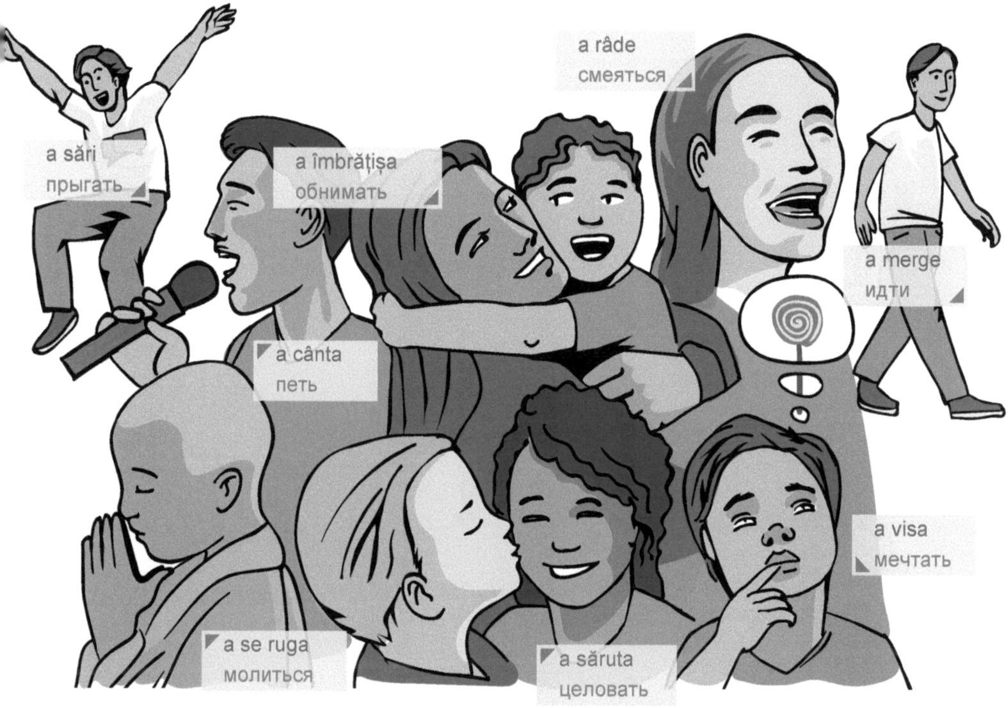

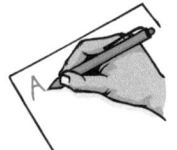

a scrie
писать

a desena
рисовать

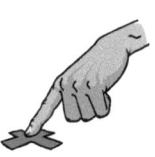

a arăta
показывать

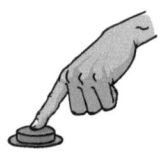

a împinge
нажимать

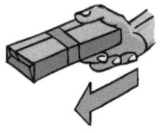

a da
давать

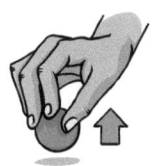

a lua
брать

a avea
иметь

a face
делать

a fi
быть

a sta în picioare
стоять

a fugi
бежать

a trage
тянуть

a arunca
бросать

a cădea
падать

a sta întins
лежать

a aştepta
ждать

a purta
носить

a şedea
сидеть

a se îmbrăca
надевать

a dormi
спать

a se trezi
просыпаться

**a privi**

рассматривать

**a plânge**

плакать

**a mângâia**

гладить

**a se pieptăna**

причесывать

**a vorbi**

говорить

**a înțelege**

понимать

**a întreba**

спрашивать

**a asculta**

слушать

**a bea**

пить

**a mânca**

кушать

**a face ordine**

наводить порядок

**a iubi**

любить

**a găti**

готовить

**a conduce**

ехать

**a zbura**

летать

**a naviga**

ходить под парусом

**a calcula**

считать

**a citi**

читать

**a învăţa**

учиться

**a munci**

работать

**a se căsători**

вступать в брак

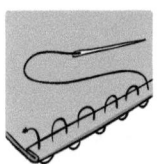

**a coase**

шить

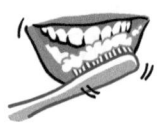

**a se spăla pe dinţi**

чистить зубы

**a ucide**

убивать

**a fuma**

курить

**a trimite**

отправлять

# familie
# семья

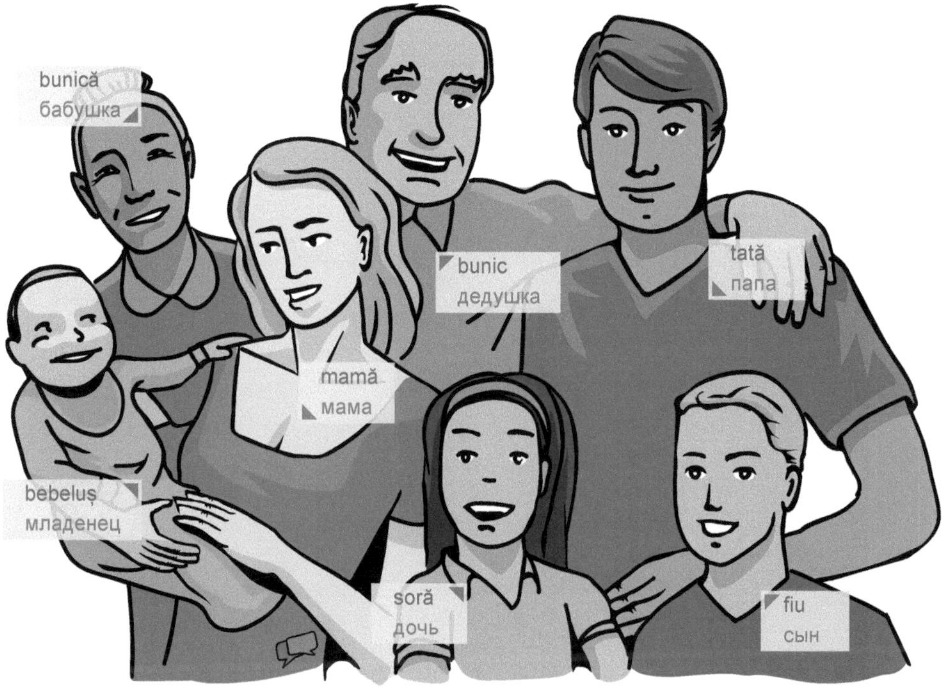

bunică
бабушка
bunic
дедушка
tată
папа
mamă
мама
bebeluș
младенец
soră
дочь
fiu
сын


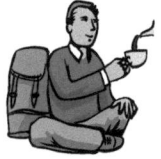

oaspete
гость

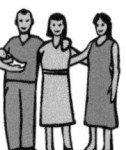

mătușă
тетя

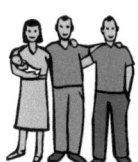

unchi
дядя

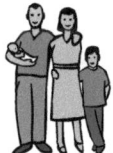

frate
брат

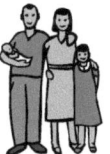

soră
сестра

# corp

## тело

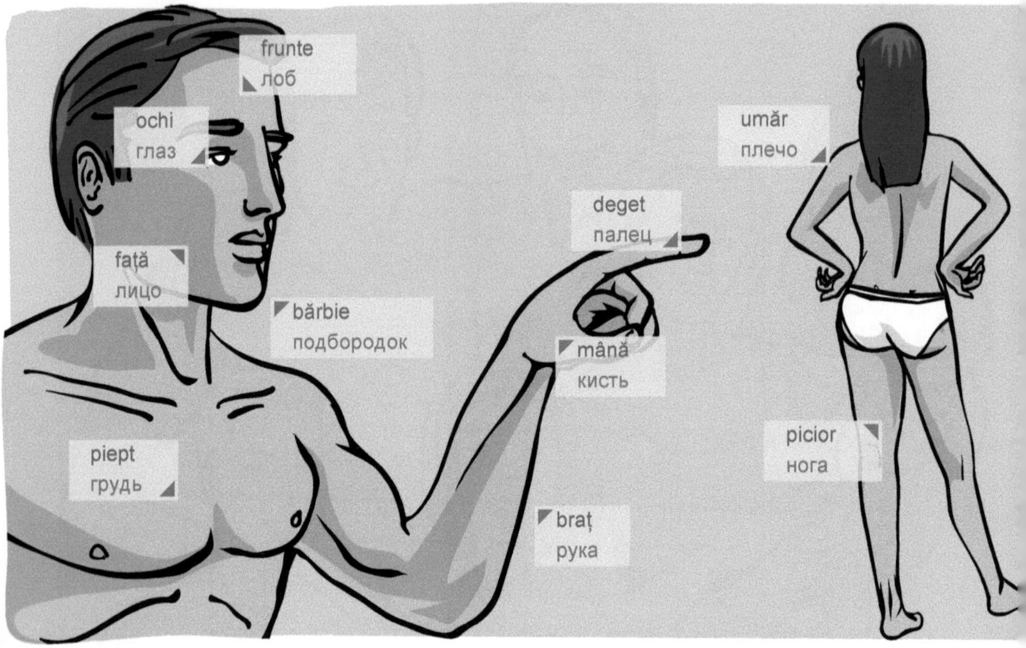

frunte
лоб
ochi
глаз
umăr
плечо
deget
палец
față
лицо
bărbie
подбородок
mână
кисть
picior
нога
piept
грудь
braț
рука

bebeluș

младенец

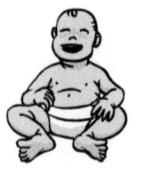

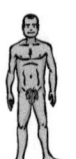

bărbat

мужчина

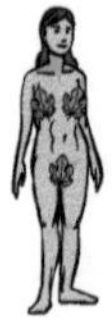

femeie

женщина

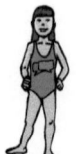

fată

девочка

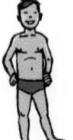

băiat

мальчик

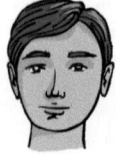

cap

голова

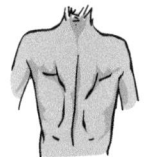

spate

спина

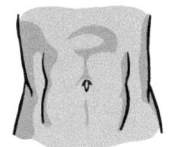

abdomen

живот

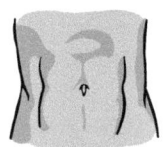

ombilic

пупок

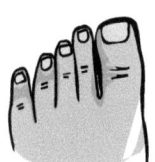

deget de la picior

палец ноги

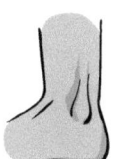

călcâi

пятка

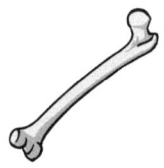

os

кость

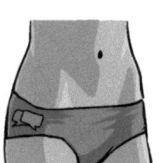

şold

бедро

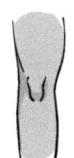

genunchi

колено

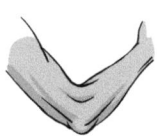

cot

локоть

nas

нос

fund

ягодицы

piele

кожа

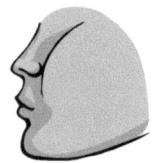

obraz

щека

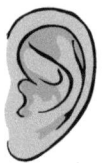

ureche

ухо

buză

губа

gură

рот

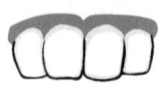

dinte

зуб

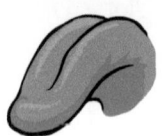

limbă

язык

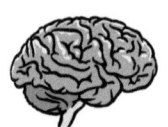

creier

мозг

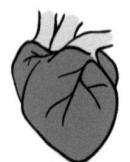

inimă

сердце

muşchi

мышца

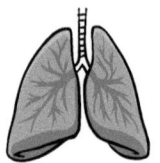

plămân

лёгкое

ficat

печень

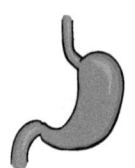

stomac

желудок

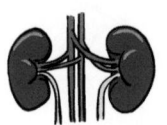

rinichi

почки

sex

половой акт

prezervativ

презерватив

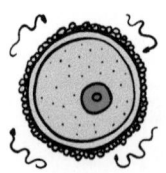

ovul

яйцеклетка

spermă

сперма

sarcină

беременность

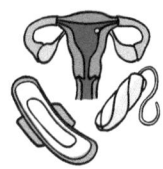

menstruație
менструация

vagin
вагина

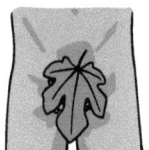

penis
пенис

sprânceană
бровь

păr
волосы

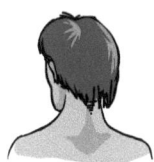

gât
шея

# spital
# больница

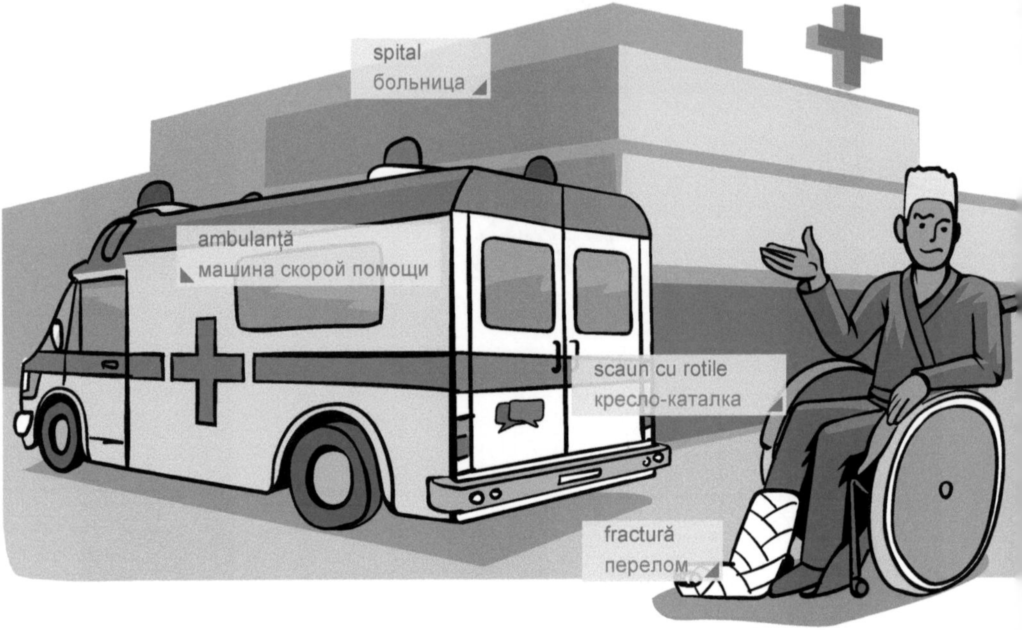

spital
больница
ambulanță
машина скорой помощи
scaun cu rotile
кресло-каталка
fractură
перелом

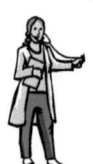

medic

врач

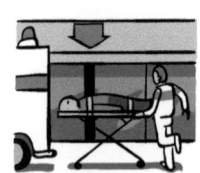

unitate de primiri urgențe

пункт первой помощи

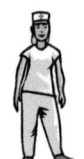

soră medicală

медсестра

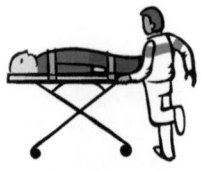

urgență

неотложный случай

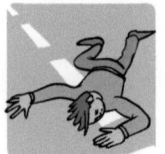

inconștient

без сознания

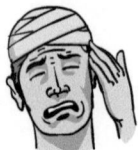

durere

боль

leziune

повреждение

sângerare

кровотечение

infarct miocardic

инфаркт

atac cerebral

инсульт

alergie

аллергия

tuse

кашель

febră

повышенная температура

gripă

грипп

diaree

понос

durere de cap

головная боль

cancer

рак

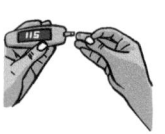

diabet

диабет

chirurg

хирург

scalpel

скальпель

operație

операция

CT
КТ

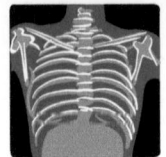

raze Röntgen
рентген

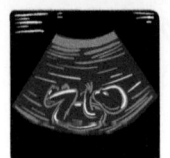

ultrasunet
ультразвук

mască
маска

boală
болезнь

sală de așteptare
приёмная

cârjă
костыль

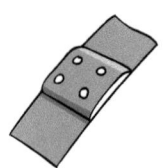

plasture
пластырь

bandaj
бинт

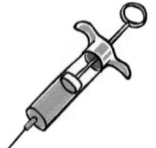

injecție
укол

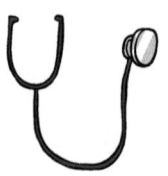

stetoscop
стетоскоп

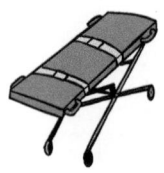

targă
носилки

termometru
термометр

naștere
рождение

supraponderabilitate
избыточный вес

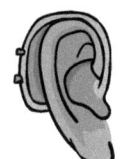

aparat auditiv

слуховой аппарат

dezinfectant

дезинфекционное
средство

infecție

инфекция

virus

вирус

HIV/SIDA

ВИЧ / СПИД

medicină

лекарство

vaccin

прививка

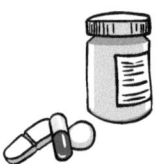

tablete

таблетки

pastilă

противозачаточная
таблетка

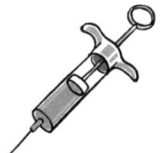

apel de urgență

экстренный вызов

aparat de măsurare a
presiunii arteriale

прибор для измерения
кровяного давления

bolnav/sănătos

больной / здоровый

Ajutor!
Помогите!

alarmă
сигнал тревоги

agresiune
нападение

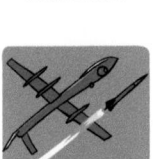

atac
атака

pericol
опасность

ieșire de urgență
запасной выход

Foc!
Пожар!

extinctor
огнетушитель

accident
несчастный случай

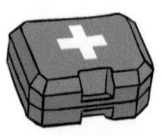

trusă de prim-ajutor
аптечка

SOS
SOS

poliție
милиция

Europa

Европа

America de Nord

Северная Америка

America de Sud

Южная Америка

Africa

Африка

Asia

Азия

Australia

Австралия

Altantic

Атлантический океан

Pacific

Тихий океан

Oceanul Indian

Индийский океан

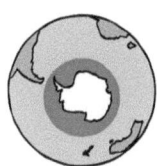

Oceanul Antarctic

Антарктический океан

Oceanul Arctic

Северный Ледовитый
океан

Polul Nord

Северный полюс

Polul Sud

Южный полюс

Antarctica

Антарктика

pământ

земля

ţară

суша

mare

море

insulă

остров

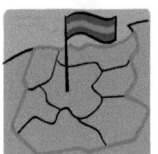

naţiune

нация

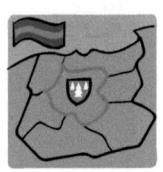

stat

государство

cadran

циферблат

orar

часовая стрелка

minutar

минутная стрелка

secundar

секундная стрелка

Cât e ceasul?

Который час?

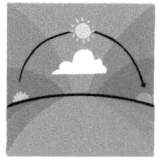

zi

день

timp

время

acum

сейчас

cead digital

электронные часы

minut

минута

oră

час

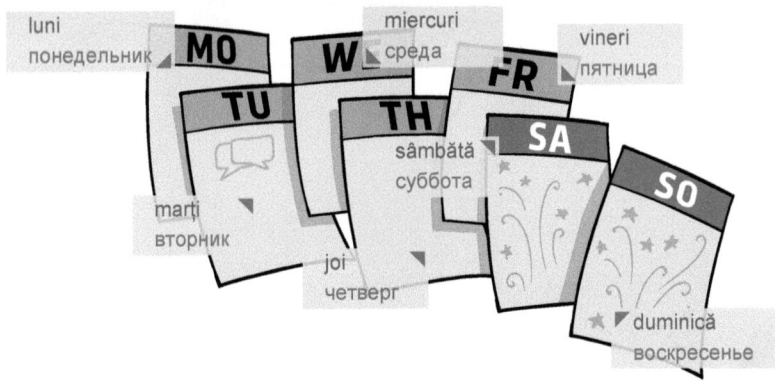

luni
понедельник

miercuri
среда

vineri
пятница

marți
вторник

sâmbătă
суббота

joi
четверг

duminică
воскресенье

ieri

вчера

azi

сегодня

mâine

завтра

dimineață

утро

amiază

полдень

seară

вечер

| MO | TU | WE | TH | FR | SA | SU |
|---|---|---|---|---|---|---|
| 1 | 2 | 3 | 4 | 5 | 6 | 7 |
| 8 | 9 | 10 | 11 | 12 | 13 | 14 |
| 15 | 16 | 17 | 18 | 19 | 20 | 21 |
| 22 | 23 | 24 | 25 | 26 | 27 | 28 |
| 29 | 30 | 31 | 1 | 2 | 3 | 4 |

zile lucrătoare

рабочие дни

| MO | TU | WE | TH | FR | SA | SU |
|---|---|---|---|---|---|---|
| 1 | 2 | 3 | 4 | 5 | 6 | 7 |
| 8 | 9 | 10 | 11 | 12 | 13 | 14 |
| 15 | 16 | 17 | 18 | 19 | 20 | 21 |
| 22 | 23 | 24 | 25 | 26 | 27 | 28 |
| 29 | 30 | 31 | 1 | 2 | 3 | 4 |

week-end

выходные

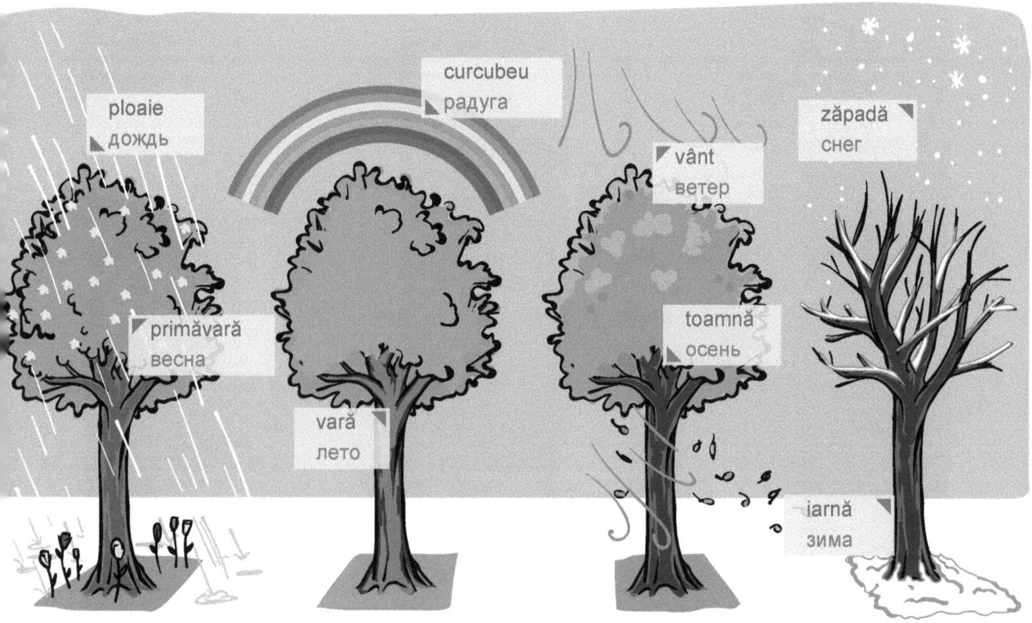

ploaie
дождь
curcubeu
радуга
vânt
ветер
zăpadă
снег
primăvară
весна
toamnă
осень
vară
лето
iarnă
зима

4.APRIL 11°
5.APRIL 4°
6.APRIL 13°
7.APRIL 8°
8.APRIL 10°

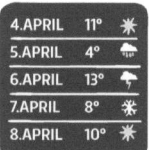

prognoză meteo

прогноз погоды

F C
120 40
90 30
60 20
30 10
0 0
-30 -10
-20

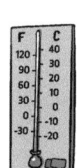

termometru

термометр

lumina soarelui

солнечный свет

nor

туча

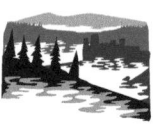

ceață

туман

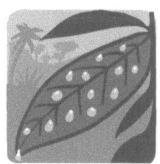

umiditate a aerului

влажность воздуха

fulger

молния

tunet

гром

furtună

буря

grindină

град

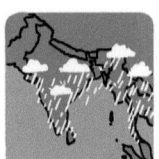

muson

муссон

inundație

наводнение

gheață

лёд

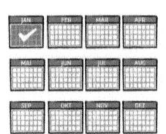

ianuarie

январь

februarie

февраль

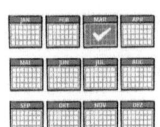

martie

март

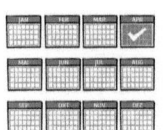

aprilie

апрель

mai

май

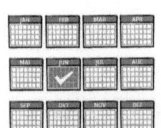

iunie

июнь

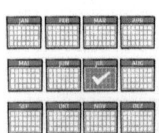

iulie

июль

august

август

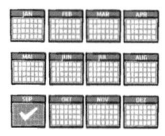

septembrie

сентябрь

octombrie

октябрь

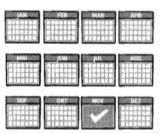

noiembrie

ноябрь

decembrie

декабрь

## forme
## формы

cerc

круг

pătrat

квадрат

dreptunghi

прямоугольник

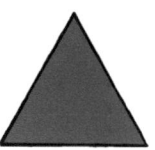

triunghi

треугольник

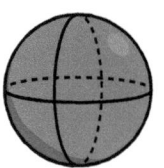

sferă

шар

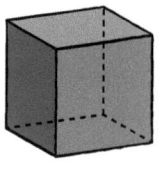

cub

куб

alb

белый

galben

желтый

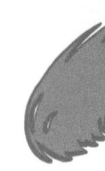

portocaliu

оранжевый

roz

розовый

roşu

красный

violet

лиловый

albastru

синий

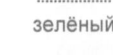

verde

зелёный

maro

коричневый

gri

серый

negru

черный

**mult/puțin**

много / мало

**furios/calm**

яростный / мирный

**frumos/urât**

красивый / уродливый

**început/sfârșit**

начало / конец

**mare/mic**

большой / маленький

**luminos/întunecat**

светлый / темный

**frate/soră**

брат / сестра

**curat/murdar**

чистый / грязный

**complet/incomplet**

полный / неполный

**zi/noapte**

день / ночь

**mort/viu**

мёртвый / живой

**lat/strâmt**

широкий / узкий

**comestibil/necomestibil**

съедобный / несъедобный

**rău/prietenos**

злой / дружелюбный

**emoţionat/plictisit**

взволнованный /
скучающий

**gras/slab**

толстый / худой

**primul/ultimul**

сначала / в конце

**prieten/inamic**

друг / враг

**plin/gol**

полный / пустой

**tare/moale**

твёрдый / мягкий

**greu/uşor**

тяжёлый / легкий

**foame/sete**

голод / жажда

**bolnav/sănătos**

больной / здоровый

**ilegal/legal**

незаконный / законный

**inteligent/stupid**

умный / глупый

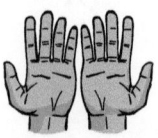

**stânga/dreapta**

слева / справа

**aproape/departe**

близко / далеко

**nou/uzat**

новый / подержанный

**nimic/ceva**

ничто / нечто

**bătrân/tânăr**

старый / молодой

**pornit/oprit**

включено / выключено

**deschis/închis**

открыто / закрыто

**încet/tare**

тихо / громко

**bogat/sărac**

богатый / бедный

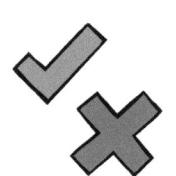

**corect/fals**

правильный /
неправильный

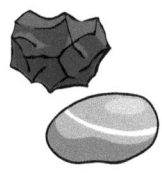

**aspru/neted**

шероховатый / гладкий

**trist/fericit**

печальный / счастливый

**lung/scurt**

короткий / длинный

**încet/repede**

медленный / быстрый

**ud/uscat**

мокрый / сухой

**cald/rece**

тёплый / прохладный

**război/pace**

война / мир

**0**

zero

ноль

**1**

unu

один

**2**

doi

два

**3**

trei

три

**4**

patru

четыре

**5**

cinci

пять

**6**

şase

шесть

**7**

şapte

семь

**8**

opt

восемь

**9**

nouă

девять

**10**

zece

десять

**11**

unsprezece

одиннадцать

## 12
douăsprezece

двенадцать

## 13
treisprezece

тринадцать

## 14
paisprezece

четырнадцать

## 15
cincisprezece

пятнадцать

## 16
șaisprezece

шестнадцать

## 17
șaptesprezece

семнадцать

## 18
optsprezece

восемнадцать

## 19
nouăsprezece

девятнадцать

## 20
douăzeci

двадцать

## 100
o sută

сто

## 1.000
o mie

тысяча

## 1.000.000
un milion

миллион

engleză

английский

engleză americană

американский английский

chineza mandarină

мандаринский китайский

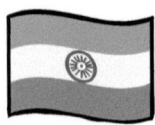

hindi

хинди

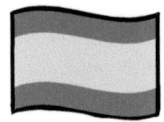

spaniolă

испанский

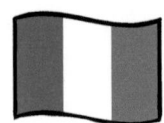

franceză

французский

arabă

арабский

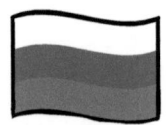

rusă

русский

protugheză

португальский

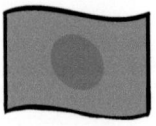

bengaleză

бенгальский

germană

немецкий

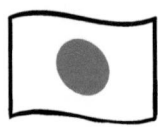

japoneză

японский

eu

я

tu

ты

el/ea

он / она / оно

noi

мы

voi

вы

ea

они

cine?

кто?

ce?

что?

cum?

как?

unde?

где?

când?

когда?

nume

имя

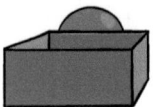

în spate

за

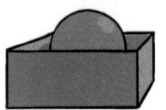

în

в

înainte

перед

peste

над

pe

на

sub

под

lângă

рядом

între

между

loc

место

.